Cyril Malka

Quand je dis non...

Livrets de Psy

Table des matières

Introduction

Il y a tellement de fois où on aimerait dire non… Mais on dit oui.

Ou bien, on réussit à dire non, mais on ne tient pas le coup et, face aux objections, ne sachant que répondre, on s'incline.

Il y a tellement de fois où on se fait des films en avance. On prépare ce qu'on veut dire, ce qu'on veut demander. On voit et entend le dialogue dans sa tête et le moment venu… Rien ne se passe comme prévu.

Plus tard, on voit et on revoit la situation à l'infini et ce qu'on aurait dû dire, ce qu'on aurait pu dire… Si on avait pu. Si on avait osé. Si on y avait pensé à temps.

Vous avez du mal à dire non ? À vos enfants ? Vos parents ? Des collègues ? Des amis ? Les autres en général ?

Si vous arrivez à dire non, avez-vous du mal à tenir bon ? À contrer les objections ?

Dans ce cas, ce Livret de Psy est pour vous.

Nous allons voir en détail ce qu'est l'assertivité, comment l'utiliser, comment dire non et comment tenir bon.

Vous n'avez plus qu'à tourner la page pour commencer à changer.

Les trois types de comportements principaux

On dit qu'il y a trois types de comportements principaux. Il y a trois façons de réagir à une situation donnée : agressif (passif-agressif est compris sous agressif), soumis et assertif.

Nous allons voir ces trois types en détail. Et pour mieux comprendre et voir ces réactions, nous allons imaginer une situation.

Imaginons la situation qu'un(e) de vos ami(e)s ait la fâcheuse habitude de vous emprunter des livres pour ne jamais vous les rendre. En fait, c'est loin d'être la seule personne à vous faire ce coup-là, même si elle est la championne du lot.

Elle est chez vous, en train de feuilleter un de vos livres. Vous, vous voyez le truc venir et vous êtes déjà mobilisé. Et en effet, elle vous demande : « Il a l'air vachement bien ce livre ! J'aimerais bien le lire. Tu me le prêtes ? »

Voyons maintenant les différents comportements.

Agression

Le style de l'agression est de réagir de façon violente. On utilise beaucoup de puissance, que ce soit dans le choix des mots utilisés, dans le ton de la voix ou dans le comportement : On parle fort, on crie, on a des mots menaçants ou destructeurs, on a les muscles tendus, on peut être rouge de colère ou, au contraire, très pâle, on serre les poings, les mâchoires, on a les yeux exorbités, on est physiquement proche de la personne à qui on parle… Bref, on s'applique à dominer l'autre : On utilise des mots plus violents que l'autre, on essaye aussi de dominer l'autre physiquement en se gonflant et en essayant de l'intimider.

Dans cette situation bien précise, la réponse agressive à cette question sera quelque chose du genre :

« - Non, 'tain ! Tu fais chier ! Tu m'empruntes toujours des bouquins et tu me les rends jamais ! JAMAIS ! T'es vraiment un sans-gêne qui en a rien à foutre des autres ! Alors maintenant, remets ce livre à sa place et ne m'emmerde plus avec ça. Hors de question que je te prête quoi que ce soit ! Plus jamais ! Ras-le-bol de tous ces mecs qui me piquent mes bouquins ! »

Dans ce genre de réaction, les actions clefs vont être une attaque de l'autre (ou des autres), on se fait passer en premier, on cache ses faiblesses, on exagère sa force et on ne laisse absolument rien passer.

Ce comportement aura l'avantage qu'on ne perdra plus de livres, ni à cette personne ni à d'autres. Lorsqu'on agit de façon agressive, on perçoit qu'on obtient certains gains :

- On obtient généralement ce qu'on veut (ou on évite ce qu'on ne veut pas).

- On se sent hors de danger. On évite d'être blessé.

- On se croit respecté (en tous cas, on est sûrement craint et pour certaines personnes, être crainte veut dire être respectée).

Il y a bien entendu aussi un coût à ce comportement :

- De mauvaises relations : Les autres finiront par vous éviter.

- Perte de respect : Bizarrement, les gens qui sont tout le temps agressifs perdent le respect. Oui, c'est vrai, on va éviter de les mettre en colère, mais on n'aura pas beaucoup de respect pour eux. Ils agissent comme un gosse de 5 ans et ce sera comme ça qu'on les considérera. En gros, après un certain temps, on est craint, oui, mais on n'est pas pris au sérieux.

- Perte de communication : Si on est trop souvent agressif, les autres finissent par ne plus écouter ce qu'on dit et le message ne passe pas. De plus, si le message est enrobé dans plusieurs termes insultants, il sera noyé et on ne le verra pas.

- On en vient à dire des choses blessantes ou qui ne sont pas justes et on risque de déraper sur quelque chose d'autre que le sujet avec, en fin du compte, une perte de terrain.

- Souvent, on culpabilise après une telle attaque et on finit par perdre plus de terrain. Dans cette situation, après coup, on peut culpabiliser et finir par prêter ce livre… qu'on ne reverra plus non plus.

Soumission

Le style de la soumission est l'inverse de l'agression. On n'utilise aucune puissance et tout notre être est recroquevillé sur lui-même. On fait figure de paillasson : on parle de façon douce, éventuellement en tremblotant ou en bégayant, on rougit, on se tient à bonne distance de l'autre, prêt à fuir, on montre ses bonnes intentions en souriant. On s'applique à montrer à l'autre qu'on fera ce qu'il demande et qu'on ne représente aucun danger.

Dans cette situation, la réponse soumise à cette question sera du genre :

- Tu me le rendras, hein ? (Comme si on s'imagine que l'autre, qui devrait déjà lui rendre plusieurs livres, lui répondra « non »)

- Oui, bien sûr.

- <Petit soupir> Oui, vas-y, prends-le.

Les actions clefs de ce comportement est une soumission à l'autre, on se considère en dernier, à l'inverse de l'agression qui cache sa faiblesse, dans ce cas, on montre sa faiblesse, on se montre comme moins fort que l'on est et on laisse tout passer.

Il y a bien entendu un gain à ce comportement :

- On se protège et on pense ne pas risquer d'être blessé.

- On risque donc moins de bleus (physiques comme psychologiques). En gros, moins de risques.

- Les autres nous aiment bien parce qu'on est considéré comme gentil. On a donc la fausse impression d'être aimé ou apprécié (alors qu'en fait on est exploité).

Ce comportement a également un coût, bien entendu :

- On n'a que très rarement ce qu'on veut. On vit sa vie en faisant ce que les autres veulent, ce qui n'est pas la même chose.

- On n'est pas respecté et on n'est pas considéré.

- Les gens abusent facilement.

- On manque de respect envers soi et de confiance en soi.

- En fait, les autres ne vous aiment pas juste parce que vous faites comme ils veulent. Ils s'attendent à ce que vous fassiez ce qu'ils demandent et ils ne vous respectent pas.

Pause

Faisons une petite pause, là.

Bien entendu, il y a des personnes qui sont constamment agressives et certaines qui sont constamment soumises. Mais c'est rarement le cas tout le temps.

La plupart du temps et pour beaucoup de personnes, on alterne entre les deux et on peut même agir de façon assertive dans certains cas, tout naturellement.

Le tout dépend de la situation, si on se sent en état de faiblesse ou pas, si on se sent sûr de soi ou pas, si on se sent dans son droit ou pas…

On peut passer de l'un à l'autre avec la même personne dans une même discussion.

Bref, ces comportements types sont des indications d'un comportement donné dans une situation donnée. Bien entendu, on peut avoir une plus grosse tendance à agir de façon soumise ou de façon agressive, mais pour la plupart des gens, on alterne.

Dans la même situation, un jour on pourra agir de façon agressive, le lendemain, de façon soumise et le surlendemain, de façon assertive.

Il est important de bien comprendre que nous parlons de comportements qui sont dépendants de plusieurs choses, comme notre état d'esprit à un moment donné, dans une situation précise avec une personne bien déterminée.

Les exemples que je prends là sont pour illustrer certains comportements types. La plupart d'entre nous, la plupart du temps, nous alternons.

Agressif indirect

On l'appelle aussi (souvent à tort) le « passif-agressif ».

Il y a un peu plus de trente ans environ, lorsque j'ai commencé à enseigner l'assertivité au Danemark (en 1984 - 1985), on ne parlait pas de comportement agressif indirect. On n'avait que trois formes de comportement : agressif, soumis et assertif.

C'est seulement lorsque j'ai commencé à travailler avec des classes composées exclusivement de femmes vers 1989 - 1990 que ce comportement s'est inséré dans le lot. Il était rare, ou pour ainsi dire inexistant à cette époque dans le public masculin.

Pourquoi ?

Très simple : Parce que, même au Danemark où les femmes sont considérées comme bien plus libres que dans le reste de l'Europe, il y a des règles sociales et psychologiques.

Une femme qui se comporte de façon agressive est considérée comme « hystérique », instable, qui prend la mouche pour un rien… Bref : c'est vu et compris de façon négative et ce n'est pas une bonne chose.

Un homme qui se comporte de façon agressive est masculin, fort et il pose des limites. Une femme, non.

Donc les femmes avaient plus tendance à faire passer leur agression d'une autre façon.

Comment ?

En envoyant des pics aussi aiguisés que des lames de rasoir qui frappent leur cible avec une précision chirurgicale. Si cela est fait en public (et je crois que nous avons tous vu ça au moins une fois), c'est impressionnant. Ma mère était experte à ce genre de chose et elle pouvait frapper n'importe qui dans un groupe de façon à ce que seule la personne touchée le sache. Nous autres, on pouvait parfois bien percevoir qu'il venait de se passer quelque chose que nous n'avions pas tout à fait compris, mais impossible de mettre le doigt sur ce que c'était.

Il n'y a généralement pas de parade possible à ce genre de pics, car en y réagissant, on admet avoir été touché et ce n'est généralement pas top. On ne peut que rire jaune ou faire comme si on n'est pas concerné. Toute autre réaction risque seulement de donner la possibilité à l'agressif indirect de vous clouer le bec pour de bon et de vous humilier.

Aujourd'hui, même si les femmes sont toujours majoritairement représentées dans le domaine de l'agression indirecte, on y voit de plus en plus d'hommes.

Dans la situation ci-dessus, l'agressif indirect risque d'agir en premier lieu de façon soumise : « Tu me le rendras, hein ? » et seulement plus tard, à un dîner par exemple balancer à l'emprunteur (ou mieux, à son conjoint ou à la personne à côté) : « Ouais, il y a vraiment des sans-gêne et des gens sournois. Ils vous empruntent des bouquins et ne les rendent jamais. Vraiment des moins que rien ! »

La cible est touchée et ne peut pas répondre… à moins d'admettre d'être ce genre de « personne sournoise et moins que rien ». Impossible également de défendre le truc « Tu y vas un peu fort… Moins que rien, c'est un peu fort comme terme, non ? »

Parce que là, on risque fort de se prendre un coup sur le bec… en public !

Le cas de l'agressif indirect sort un peu du lot et il nous faut voir ça comme ayant les avantages et les inconvénients et de la soumission et de l'agression.

Assertif

Enfin, il nous reste la méthode assertive.

On est généralement parfaitement capable d'utiliser la méthode assertive, et on le fait régulièrement, dans les cas où on ne se sent pas « menacé ». Dans les cas où on est sûr de soi (souvent dans le domaine du travail ou d'une chose qu'on a fait maintes fois).

Le mot « assertivité » vient de l'anglais *assertiveness*, qui vient du verbe « *to assert* », ce qui veut dire « affirmer, assertion, s'affirmer, défendre ses droits, défendre son opinion ». *Assertiveness* peut se traduire en français par *affirmation de soi*.

Il s'agit là de faire passer un message difficile sans soumission, mais aussi sans agression et de soutenir ses opinions tout en respectant celles des autres.

Dans notre exemple de l'emprunt de livre, une personne assertive dira quelque chose du genre :

- Tu sais, tu m'as déjà emprunté plusieurs livres que tu ne m'as jamais rendus et certains d'entre eux me manquent, car j'en ai besoin (ou, car j'ai envie de les relire), donc okay, je veux bien te laisser m'emprunter celui-ci, mais tu me le rends dans *15 jours/3 semaines/1 mois/à telle date/avant telle date* ainsi que les autres que tu m'as empruntés.

Et le tour est joué.

Oui, on pourrait dire « non » et expliquer qu'on ne prêtera un nouveau livre que lorsqu'il aura rendu ceux qu'il doit, mais on risque de démarrer un conflit et de ne jamais revoir ni ami ni livres. Car en fait, on ne l'a pas averti de notre changement de comportement. Il faut lui laisser une chance de se rattraper.

Si l'ami ne rend pas ce livre et redemande à emprunter un autre, on pourra par contre lui dire :

- Non, la dernière fois, je t'ai prêté un livre, nous nous sommes mis d'accord pour que tu me le rendes ainsi que ceux que tu m'avais empruntés auparavant et ça n'a pas été fait. Je ne veux donc plus te prêter de livres avant que tu m'aies rendu ceux que tu m'as empruntés.

Les actions clefs de ce comportement sont qu'on respecte l'autre (ou les autres), qu'on se met sur un pied d'égalité, on n'est ni en position de force ni en position de faiblesse, on est ouvert quant aux faiblesses et à la force.

Le gain est qu'on obtient souvent ce qu'on veut, qu'on est respecté et que les relations sont franches. La plupart des gens qui vous exploitent vont vous fuir à partir du moment où vous agissez de façon assertive. Cela vous fera perdre une certaine catégorie d'« amis » et par contre, ça renforcera votre relation à d'autres.

Il y a un coût à cela également. Aucune médaille n'a qu'un côté.

Vous n'aurez pas toujours exactement ce que vous voulez. Il vous faudra parfois aller au compromis. Ensuite, vous risquez de vous attirer des ennemis. Surtout ceux qui vous ont manipulé auparavant risquent de vous en vouloir. Et enfin, souvenez-vous qu'il y a une responsabilité lorsqu'on est assertif. Si vous remettez votre patron en place, même de façon assertive, vous risquez fort ou de vous le mettre à dos ou de vous faire virer.

Il peut donc y avoir des situations où il vaut mieux jouer la carte de la soumission ou même de l'agression. Mais dans ce cas, vous en êtes conscient, vous le faites en parfaite connaissance de cause et vous n'avez aucune raison de vous en vouloir. C'est un cas de force majeure.

Maintenant, vous connaissez la différence entre les différentes réactions principales.

Le premier obstacle

Avant de pouvoir dire non de façon assertive, il vous faut surmonter un obstacle : vous !

Très souvent, trop souvent, on a une tendance à bloquer. Même si on a la technique, on n'ose pas. Il y a plusieurs principes, plusieurs idées, incrustées en nous qui nous bloquent. Quelles sont-elles ?

Ces idées touchent les hommes comme les femmes, mais les femmes en souffrent plus que les hommes. Et ce pour la bonne raison que même dans la société occidentale du XXIe siècle, on accepte plus un homme qui dit non (un homme décidé, qui coupe court) qu'une femme qui dit non.

Voici quatre principes parmi les plus connus. Il y en a d'autres, mais vous remarquerez qu'ils découlent le plus souvent de ces quatre principes et donc vous pourrez adapter les contre-arguments une fois que vous les avez assimilés.

- C'est insensible, impitoyable et bas de dire « non ». C'est égoïste.

- Vous êtes hargneux et mesquin si vous dites « non » à des bagatelles.

- C'est impoli et agressif de dire « non » de façon directe. C'est trop dur et trop brusque.

- Vous offensez les autres lorsque vous dites « non ». Ils vont se sentir blessés et rejetés.

Ce sont les principes qui reviennent le plus souvent. Ils peuvent être formulés un peu différemment, mais ce sont eux qui vous bloquent dans la plupart des cas.

Reprenons-les ensemble :

C'est insensible, impitoyable et bas de dire « non ». C'est égoïste.

Il s'agit là d'un principe sur lequel il est facile de jouer : l'égoïsme. Dans ce cas, on parle d'une personne qui fait passer elle-même avant les autres.

Mais... N'est-ce pas relativement logique ? En tant que personne, vous avez une responsabilité envers vous-même pour commencer ensuite pour votre famille et seulement ensuite pour la périphérie (amis, copains, société...).
Ensuite, agir de façon égoïste c'est agir dans son propre intérêt. Quoi de plus naturel ? Vous êtes ici-bas pour vous en priorité et quoi de plus naturel que d'agir dans votre propre intérêt ? Devez-vous attendre que d'autres vous remarquent et agissent pour vous ?

Là où cela devient un problème, c'est si **on est un** égoïste.

Un égoïste est une personne qui est seulement capable d'agir dans son propre intérêt. Et ce n'est pas votre cas. Tant que vous n'agissez pas constamment (ou la plupart du temps) de façon égoïste, où est le problème ?

Si d'autres personnes ne comprennent pas que, de temps à autre, vous agissez dans votre propre intérêt, c'est qu'elles ont des difficultés à voir qu'il existe d'autres personnes qu'elles ou que quelquefois, elles ne viennent pas en première place, il y a d'autres personnes plus importantes qu'elles. Dans ce cas, ce sont elles qui agissent de façon égoïste.

De plus, l'énoncé ci-dessus est tronqué et dirigé, car on lie le fait de dire non, de refuser de faire quelque chose pour quelqu'un à de l'égoïsme.

Mais ces deux choses n'ont rien à voir l'une avec l'autre. On peut avoir une foule de raisons pour dire non : Pas le temps, pas d'argent, pas envie, pas la possibilité... Peu importe nos raisons pour dire non. Donc non, ce n'est pas nécessairement égoïste de refuser quelque chose. Et de plus, même si ça l'était, ce n'est pas le problème.

Ensuite, non, ce n'est pas « insensible ou impitoyable ou bas » de dire « non ». On peut parfaitement être mal à l'aise lorsqu'on dit « non ». On peut parfaitement avoir des raisons de dire « oui », mais pour une raison qui nous appartient, on peut avoir d'aussi bonnes raisons, voire le besoin de dire « non ».

S'il y a quelque chose qu'on ne veut pas faire, quelle que soit notre raison, il est nécessaire de dire « non ».

Voudrait-on sinon dire qu'il vaut mieux dire « oui » à contrecœur puis ne pas le faire, le faire à moitié, en vouloir à l'autre d'avoir dit « oui » ? Est-ce respectueux de l'autre ? Doit-on être faux-cul pour être respecté ?

Bien sûr que non !

Dire « non » veut dire qu'on est raisonnable, qu'on est franc et qu'on préfère que tout soit clair. Ce n'est pas spécialement égoïste non plus, même si c'est une raison personnelle (nous verrons cela plus en avant dans un instant). Cela veut tout simplement dire qu'on ne veut pas faire telle ou telle chose. Absolument rien d'autre que ça.

Si l'autre vous juge comme égoïste juste pour cette raison, il est peut-être grand temps de remettre les pendules à l'heure et de lui faire comprendre qu'à la limite, se faire passer avant les autres est le principe même de l'autoconservation

Vous êtes hargneux et mesquin si vous dites « non » à des bagatelles.

Si vous devez dire non, il faut avoir une bonne raison. Tenez, un exemple que j'utilise souvent dans mes formations :

Marie a eu une longue période intense, beaucoup de travail et de choses à faire. Et aujourd'hui, elle s'est bloquée deux heures en début d'après-midi pour décompresser. Son mari est au travail, les enfants sont à l'école, le lave-vaisselle ronronne dans la cuisine. La théière fume sur la petite table du salon et elle s'allonge sur le divan. Elle a juste ouvert son livre lorsqu'on sonne à la porte.

Elle va ouvrir.

Il y a là sa copine, Suzanne, avec ses deux enfants, Pierre et Madeleine. Elle a à peine eu le temps de dire bonjour, que Suzanne, tout essoufflée, lui dit :

- Oh quelle chance que tu sois à la maison ! J'ai eu le dernier rendez-vous possible chez le coiffeur pour ma permanente. C'était le seul rendez-vous qu'il avait de libre ce mois-ci. Pourrais-tu me garder Pierre et Madeleine quelques heures ?

Là, lorsque je demande ce qu'on ferait dans telle situation, à la place de Marie. La plupart répondent « bah oui, on va garder les enfants » …

Si on va plus loin : Mais pourquoi garder les enfants alors qu'on avait prévu de se reposer ?

Tout simplement, car ce n'est pas une excuse suffisante.

Si on est malade (très malade, un rhume, voire une grippe, ne compte pas. Rien ne compte si on est capable de se lever), si on a une très, très bonne excuse (comme devoir quitter la maison pour une raison qui ne peut pas être reportée), on peut dire non.

Si ce qui est demandé est important, grave, compliqué, cher ou autre, on peut aussi dire non.

Mais dire non à une bagatelle, comme garder les enfants d'une copine alors qu'on n'a rien d'important sur le planning (se reposer ne compte pas), c'est tout simplement mesquin.

Et pourtant…

Et pourtant si on ne se repose pas, on finit par s'écrouler. Le stress, le burn-out, n'est pas seulement quelque chose qui arrive sur le lieu de travail. La vie de tous les jours dans la société du XXIe siècle peut être très intense.

Ensuite, il y a l'idée de « bagatelle ». C'est un terme très subjectif. Ce qui est considéré comme bagatelle pour l'un ne l'est pas nécessairement pour l'autre.

Le plus souvent, ce qu'on vous demande sera considéré par l'autre comme une bagatelle, surtout s'il n'a pas à le faire lui-même.

Un autre souci possible est si vous donnez l'impression que certaines choses vous sont faciles à faire. Dans ce cas, ce sera considéré comme une bagatelle, puisque vous mettez moins de temps à le faire, que vous le faites plus facilement (apparemment), plus vite, mieux…

Alors si c'est si facile pour vous de faire ceci ou cela, il ne faut pas dire non, c'est mesquin.

En gros, le piège ici est qu'il suffit pour la personne qui demande, de considérer la chose comme « un petit service » pour vous bloquer. Si vous vous en défendez en disant que c'est, en fait, un grand service, vous vous laissez facilement submerger par des bagatelles, vous ne planifiez pas votre journée, vous êtes hypocondriaque, trop sensible… Bref…

Le truc est que ce n'est pas le fait de faire une ou deux choses importantes et compliquées qui stresse. Mais c'est de devoir faire une foule de petites choses. De devoir courir de droite à gauche et de faire un travail qui ne se voit pour ainsi dire pas. Il manque la récompense du travail accompli.

Deux choses importantes :

- Peu importe si votre amie, votre conjoint ou votre famille considère telle ou telle chose comme une bagatelle. C'est vous, et vous seule qui pouvez juger de l'impact sur votre quotidien de ce qu'on vous demande. Si cela leur paraît une aussi petite bagatelle que ça, ils n'ont qu'à le faire eux-mêmes.

- Une foule de « bagatelles » peuvent finir par vous mettre à genoux. Vous êtes seule juge de votre vie, de ce que vous voulez ou de ce que vous ne voulez pas faire, et bagatelle ou pas, vous avez parfaitement le droit de refuser de faire quelque chose pour des raisons qui ne regardent que vous. En gros, vous ne devez ni explication ni excuse pour refuser de faire quelque chose. Ça peut être, car vous n'avez pas le temps, car vous avez d'autres plans ou tout simplement, car vous n'en avez pas envie.

Si vos amies vous voient comme hargneuse ou mesquine parce que vous ne faites pas ce qu'ils veulent, cela en dit long sur leurs valeurs et ça ne dit rien de vous. Et cela veut dire qu'il est grand temps de remettre les pendules à l'heure.

Enfin, vous pouvez toujours vous consoler en vous disant qu'il vaut mieux qu'ils vous voient comme hargneuse et mesquine plutôt que comme un paillasson.

C'est impoli et agressif de dire « non » de façon directe. C'est trop dur et trop brusque.

Pour beaucoup, la meilleure façon de dire « non » est de tellement bien l'empaqueter qu'on ne dit pas « non »… En fait, la meilleure façon de dire « non » est de dire « oui ». Et puis ça évite les conflits, c'est bien.

Tout ce qui n'est pas enrobé de sucre est agressif.

Or c'est parfaitement faux. La définition du mot agressif est : « Qui agresse, qui menace, qui cherche à blesser psychologiquement. ».

Dire « non » de façon directe ne cherche pas à blesser, ne menace personne et n'agresse absolument personne. Dire « non » de façon directe est respectueux. On ne mène pas l'autre en bateau, on ne fait pas de détours bizarres, on ne cherche pas à le faire culpabiliser pour nous avoir demandé, on ne le juge pas. On lui dit tout simplement qu'on ne veut pas faire ou dire telle ou telle chose directement.

Vous offensez les autres lorsque vous dites « non ». Ils vont se sentir blessés et rejetés.

C'est ici un très vieux principe qui non seulement a la vie dure, mais en plus est très à la mode depuis le début du XXIe siècle.

Ce qui peut m'offenser n'offense pas un autre, ce qui offense un autre, ne m'offense pas. Nous avons différentes opinions, différentes croyances, différentes cultures. Alors oui, bien entendu si on est à l'étranger, mieux vaut s'adapter aux us et coutumes du pays dans lequel on est.

Certains signes, certaines expressions ont un sens totalement différent d'un pays à l'autre et nous avons tous eu au moins une expérience, ou nous connaissons tous au moins quelqu'un qui en a eu au moins une, où, en voulant dire quelque chose, on dit autre chose ou on agit de façon insultante sans le faire exprès.

Généralement, ces histoires se finissent bien (bon, ça dépend du pays dans lequel on se trouve) et on en rit.

Pourquoi ?

Parce que la plupart du temps, vu que la personne offensée comprend qu'on est étranger, qu'on vient d'une autre culture ou autre, elle ne nous en tient pas rigueur.

Pourquoi ?

Parce que l'autre comprend alors qu'on n'a pas fait cette action ou dit cela **dans le but de l'offenser.**

Et donc ce qu'un étranger peut comprendre (que vous n'agissez pas dans le but d'offenser), un ami, une amie, un membre de votre famille ne pourrait pas le comprendre ? Un ami ne pourrait pas comprendre que vous dites « non », non pas pour lui faire du mal ou pour l'offenser, mais parce que vous ne pouvez pas ou ne voulez pas faire quelque chose ?

Si vous ne voulez pas faire quelque chose, si vous dites « non », si c'est un ami, il comprendra. Si c'est un partenaire, il le comprendra. Si c'est un membre de votre famille, il le comprendra aussi. Et à la limite, même une personne étrangère à votre environnement le comprendra.

Si il, ou elle, ne veut pas comprendre que vous ne dites pas « non » pour le blesser, mais tout simplement, car vous ne voulez pas, ou ne pouvez pas faire certaines choses pour lui, il se peut que cette personne essaye de vous manipuler en jouant sur votre culpabilité et dans ce cas, il serait peut-être temps de prendre vos distances avec cette personne.

Si une personne se sent rejetée et blessée parce que vous ne voulez pas ou vous ne pouvez faire ce qu'elle demande de vous c'est son problème et dans ce cas, qu'elle en parle avec un thérapeute, car il y a des principes de la vie qu'elle n'a pas compris. Comme celui qu'on ne peut pas toujours avoir ce qu'on veut et que les autres personnes ont également la liberté de faire et de dire comme bon leur semble et de ne pas vouloir faire ce qu'on demande d'elles, par exemple.

Ou bien comme le principe que nous sommes libres de prendre nos propres décisions pour notre bien-être.

En gros et en règle générale, si quelqu'un est offensé par votre refus de faire ce qu'il veut, ma première question est : « Et alors ? »

Ben oui, il est offensé. Et alors ? Qu'est-ce qu'il lui arrive alors ? Je veux dire : il risque de mourir ? De se réveiller avec la lèpre ?

Si votre fils ou votre fille rentre de l'école en pleurant et en disant : « Y'a Kevin, qui m'a dit que j'étais con comme mes pieds ! »
Quelle est la meilleure réaction d'après vous ?

Aller trouver le directeur de l'école et exiger de Kevin et de ses parents (parce que ça vient des parents tout ça !) une excuse écrite qui sera imprimée dans le journal de l'école ?

Ou de sécher les larmes de votre bambin et de lui dire : « Mais non ! Bien sûr que non tu n'es pas bête. Ne t'inquiète pas de ce que Kevin te dit. La prochaine fois, tu n'auras qu'à lui dire 'çui qui l'dit c'est çui qu'y est' » et passer outre ?

J'espère vraiment que vous avez choisi la deuxième solution. C'est en effet la plus rationnelle d'apprendre aux enfants que des gens disent des choses pour blesser, mais que les mots n'ont que l'importance qu'on leur donne. Les mots ne peuvent pas blesser à moins que nous leur donnions le pouvoir de nous blesser.

Dans le monde anglo-saxon, les enfants apprennent tous cette chansonnette :

Sticks and stones may break my bones
But names will never harm me.
(Les bâtons et les pierres peuvent me casser les os
Mais les insultes ne pourront jamais me faire de mal.)

Donc au départ, n'importe quel adulte a connu différentes offenses lors de son évolution et devrait avoir appris à les gérer.

Et pour tout adulte normalement constitué, cela devrait dire que :

1. Il peut voir la différence entre quelque chose qui a été fait ou dit dans le but de l'offenser et un « non », qui a un autre but : celui de refuser de faire quelque chose.

2. Il a passé l'âge d'être offensé lorsqu'on ne fait pas ce qu'il dit ou ce qu'il veut. D'après la théorie freudienne, cela devrait se produire au courant de la phase anale (donc à un âge allant d'environ 18 mois à environ trois ans).

3. Et quand bien même il se sentirait offensé, c'est un adulte et il a tous les outils nécessaires pour surmonter cette « blessure » en l'espace d'une demi-seconde.

Donc non.

Dire « non », ce n'est pas offenser les autres. C'est dire « non », tout simplement.

Si le fait qu'on refuse quelque chose offense ou blesse l'autre. C'est son problème et c'est à lui, ou à elle, de le gérer.

Si vous dites « non » de façon assertive, il n'y a aucune agression. C'est direct, oui, bien entendu, mais direct n'est pas agressif. Direct, c'est direct. Rien de plus, rien de moins.

Assertif ou pas ?

L'un des problèmes auxquels on est régulièrement confronté, c'est que lorsque les choses vont un peu vite, lorsqu'on parle avec quelqu'un, on peut avoir des doutes.

A-t-on vraiment dit les choses de façon neutre ?

Quel ton a-t-on utilisé exactement ?

Avez-vous dit « non » de façon condescendante ?

Bref… tout d'un coup, on peut en venir à se poser des questions.

C'est pour cette raison qu'il faut apprendre à dire les choses de façon assertive et s'y entraîner.

Lorsque vous avez appris la méthode, lorsque vous avez intégré le système, vous ne pouvez plus être déstabilisé par des : « Tu m'as insulté » ou « tu as dit que… », car vous savez parfaitement ce que vous avez dit et quel ton et quel langage corporel vous avez utilisés.

Et cela vous donne un net avantage.

Comment dire non

Alors comment dit-on « non » de façon assertive ?

Prenons un exemple concret pour apprendre à dire non.

Disons que votre collègue, Paul, a une fâcheuse tendance à vous refiler certains de ses dossiers : « Tiens, regarde, Machin, j'ai tel et tel dossier et je n'y arrive pas/je ne sais pas. Peux-tu être sympa et me le reprendre ? »

Avant de passer à l'assertivité, voyons les autres méthodes :

Agression : « Tu commences à me courir sur la prostate avec tes conneries, Paul ! J'en ai plus que ras le bol de reprendre tes dossiers pourris. Alors non, mon pote ! Démerde-toi avec ton boulot. Y'en a marre ! J'suis pas ton larbin ! Merde à la fin ! »

Soumission : <Énorme soupir> « Je n'ai pas trop le temps en ce moment, mais si tu n'y arrives pas, alors… bon, passe-moi ça. »

Agression indirecte : <Sur un ton sarcastique> « Mais oui, bien sûr ! Je n'ai rien d'autre à faire que de reprendre tes dossiers pourris… Fais voir ? » (Paul doit s'attendre à un ou plusieurs pics plus tard dans la journée, semaine, mois…)

Comment dire non de façon assertive ?

Il y a plusieurs recettes bien entendu, mais la plus facile à mémoriser et à utiliser reste celle que je vais vous apprendre ici.

Elle est composée de deux parties importantes. La première est le message en lui-même (ce que vous dites) et la deuxième est votre langage corporel et votre ton (la façon dont c'est dit). Il est très important de s'assurer que les deux sont en phase.

Commençons par le langage.

La formule est, tout simplement :

« *Non*, [formule de politesse], *mais je ne peux pas* [action] [indication de temps].

La [formule de politesse] peut être : « Je suis désolé », « je vois bien que c'est important pour toi », « je suis heureux que tu aies pensé à moi » ou quelque chose dans ce goût-là.

[Action] sera ce que l'autre vous demande. C'est facultatif et pas toujours nécessaire à ajouter. Si la réponse vous paraît courte, ajoutez-le, si la réponse vous paraît un peu longue, pas besoin.

Enfin, [indication de temps], sera : « aujourd'hui », « en ce moment », « cette semaine » …

Si on reprend le dialogue dans ce sens cela nous donnera :

> *«- Tiens, regarde, Machin, j'ai le dossier Dushnock en souffrance et je n'y arrive pas. Peux-tu être sympa et me le reprendre ? »*
>
> *«- Non, je suis désolé, Paul, mais je ne peux pas reprendre tes dossiers cette semaine/aujourd'hui. »*

Et c'est tout !

- N'ajoutez pas d'excuses : *j'ai trop de travail, j'ai mal à la tête, j'ai ma belle-mère à la maison…*

- N'ouvrez pas d'autres possibilités : *Demain, si tu veux* ou, *mais peut-être la semaine prochaine…*

- Ne faites aucun jugement : *je n'ai pas que ça à faire, tu abandonnes vite, je ne suis pas payé pour faire ton travail…*

Contentez-vous de dire non et surtout ajoutez bien que vous ne **pouvez pas**.

Pas que vous n'avez pas le temps, pas que vous ne voulez pas, mais tout simplement <u>**que vous ne pouvez pas.**</u> C'est extrêmement important pour la suite lorsque nous arriverons aux objections.

Ensuite, voyons de plus près votre langage corporel.

Corps

- Tenez-vous droit et tenez seul. Ne vous appuyez pas sur un meuble, encadrement de porte ou mur, car cela donne l'impression que vous prenez l'autre de haut et paraîtrait agressif (condescendant). Ne vous courbez pas (soumission).

Bras

- Gardez les bras le long du corps, si vous êtes assis, mettez-les sur les accoudoirs ou devant vous sur le bureau. Ne les croisez surtout pas.

Mains

- Si vous êtes debout, gardez vos mains en prolongement de vos bras ou croisées devant vous. Le mieux est de faire quelques mouvements pour paraître vivant et dans ce cas, orientez la paume de vos mains vers le haut ou vers la personne.

Ne vous grattez pas, ne jouez pas avec un coin de vos vêtements, un bijou, une mèche de vos cheveux ou pire, un stylo (cliclicliclic).

Épaules

- Gardez vos épaules relaxées. Ne les montez pas à hauteur de vos oreilles.

Jambes

- Tenez-vous bien campé sur vos deux jambes, sans appui et sans fléchir. Si vous êtes assis, ne croisez pas vos jambes, mais gardez-les posées bien au sol toutes les deux. Ne les écartez pas, vous n'êtes pas sur un ring de boxe. Gardez vos jambes parallèles.

Distance

- Autant que possible, restez à environ un mètre, ou un mètre cinquante de l'autre (ce n'est pas toujours possible, car ça dépend aussi de l'autre). Si vous êtes trop près, cela paraît agressif (vous empiétez sur son territoire), si vous êtes trop loin, ça paraît soumis (prêt à fuir).

Yeux

- Regardez l'autre dans les yeux. Ne le fixez pas non plus comme si vous voulez l'hypnotiser, mais soyez franc et regardez-le en face. Ne fuyez pas son regard.

Bouche

- Restez neutre et surtout, **ne souriez pas !** Cela sera nécessairement mal compris. Si vous dites « non » tout en souriant ce sera compris ou de façon agressive (et il se fout de moi en plus) ou de façon soumise (okay, il n'est pas sûr de lui). Donc, pas de sourire. Jamais !

Voix

- Gardez également une voix neutre. N'élevez pas la voix, mais ne la baissez pas non plus. Ne donnez pas l'impression de parler comme une petite fille ou un petit garçon, et ne sonnez pas comme une corne de brume non plus. Ne finissez pas votre phrase en montant d'une note : ça sonne comme une question et montre un manque de confiance en soi.

Tics, bégaiement, tremblements, rougeur...

- Certains signes sont plus difficiles à gérer. Il en est du bégaiement, de certains tics nerveux (le coin de l'œil qui cligne ou autre) ou de la rougeur lorsqu'on se sent dans une situation qui n'est pas confortable.

Dans certains cas, ces signes ont une tendance à disparaître une fois qu'on s'est habitué à dire « non ». Ça disparaît graduellement, petit à petit avec le temps et l'expérience.

Pensez que la plupart du temps, l'autre ne les remarque pas avec la même intensité. Oui, bien sûr, il remarquera que vous bafouillez un peu et devenez un peu rouge, mais vous, vous le ressentez bien pire que ça ne l'est. Vous vous sentez pourpre alors que vous n'êtes qu'un peu rouge aux joues.

Sinon, il vous faut accepter que ça fait partie de votre personnalité : Vous avez tendance à rougir, trembler, bégayer lors de situations tendues... C'est comme ça, et c'est tout. Les autres peuvent en penser ce qu'ils veulent, ça ne changera rien au fait que vous leur dites non lorsqu'il y a quelque chose que vous ne voulez pas faire.

Acceptez cette partie de votre personnalité.

Entraînez-vous avec un ou des amis, devant un miroir ou devant votre webcam. Le mieux serait avec une personne de votre entourage qui pourra vous conseiller ou vous enregistrer avec la webcam pour ensuite pouvoir le revoir de façon critique. Le miroir viendra en troisième position, car il est toujours un peu difficile de se concentrer sur ce qu'on dit et la façon dont on le fait et en même temps juger de l'effet obtenu.

Alors, comme beaucoup d'autres choses et selon une expression qui m'est chère : C'est simple, mais ce n'est pas facile.

Ça vous demandera un peu d'entraînement, mais croyez-moi, ça vaut le coup.

Comme nous l'avons déjà vu. Nous avons plusieurs blocages.

Nous avons certains blocages que nous avons déjà vus et d'autres que nous n'avons pas encore vus.

Les blocages que nous n'avons pas encore vus sont ceux qui nous font penser : « Bah oui, mais alors, il va me dire ceci-cela, et je réponds quoi, moi, alors ? »

Donc, plutôt que de se retrouver dans une situation où on ne sait pas quoi dire, on préfère ne pas dire non et tant pis.

Contrer les objections

Alors oui. Nous avons dit non, nous avons joué notre coup, et donc maintenant, c'est le tour de notre adversaire.

S'il nous fait une ou plusieurs objections… Que faire ?

Lorsque mon fils avait cinq ou six ans, il m'avait demandé je ne sais plus quoi et je lui avais répondu « non ».

Au lieu de se le tenir pour dit, il a insisté. Bon, à son âge, c'est de bonne guerre, il ne pouvait pas encore savoir qui il essayait de manipuler (même si je l'ai, parfois, laissé faire).

À un moment donné, je lui ai dit :

« Écoute, si je t'avais dit oui, tu serais là à me casser les pieds ? »

« Heu… Non. »

« Ben quand je dis non, c'est la même chose. C'est tout aussi sérieux et irrévocable. »

C'est un peu la problématique à laquelle on est confronté lorsqu'on dit « non » : L'autre ne se le prend pas pour dit et risque d'insister plus ou moins lourdement le tout dépendant de son niveau de subtilité.

Surtout si jusqu'ici, vous avez eu l'habitude de faire ce qu'on vous demandait ou si vous disiez oui à presque tout, si tout d'un coup vous répondez « non », l'autre va forcément se dire qu'il a mal entendu ou penser que vous n'êtes pas sérieux.

Bah oui ! Normal ! D'habitude, vous dites « oui » et tout d'un coup, vous lui dites « non ». Ça déstabilise !

Heureusement, l'être humain a un gros avantage et c'est que nous apprenons vite et nous nous adaptons vite. Donc ne vous inquiétez pas, votre environnement va vite s'habituer à votre nouvelle manie de ne dire « oui » qu'à ce que vous voulez vraiment faire.

Mais dans l'entre-temps, il y aura donc des objections et mieux vaut pour vous que vous sachiez les contrer.

Reprenons la situation où votre collègue (que j'avais donc baptisé Paul) vous demande de reprendre ses dossiers Dushnock et vous lui répondez « non ».

Pour mémoire, le dialogue se développe de cette façon :

« - Tiens, regarde, Machin, j'ai le dossier Dushnock en souffrance et je n'y arrive pas. Peux-tu être sympa et me le reprendre ? »

« - Non, je suis désolé, Paul, mais je ne peux pas reprendre tes dossiers cette semaine/aujourd'hui. »

Donc, notre ami Paul ne va pas accepter votre « non ». Il se peut qu'il vous demande confirmation :

« Pardon ? » ou « hein ? » s'il est moins subtil.

Et dans ce cas, il vous suffit de répéter ce que vous avez dit. Ne vous laissez pas impressionner :

« - J'ai dit : Non, je suis désolé, Paul, mais je ne peux pas reprendre tes dossiers cette semaine/aujourd'hui. »

Une fois que Paul s'est persuadé qu'il a bien entendu, il va essayer de vous faire revenir sur votre « non » afin qu'il devienne le « oui » habituel.

Et pour ce faire, il va utiliser une des trois méthodes qui suivent. Le plus souvent, il utilisera les trois méthodes tour à tour et dans cet ordre.

L'argument hors sujet

La première méthode utilisée est généralement celle de l'argument hors sujet. Il pourra dire quelque chose du genre :

« - Tu sais, ce n'est qu'un petit dossier, ça ne prendra pas beaucoup de temps et ça m'avancerait bien. »

C'est hors sujet, car vous ne lui avez pas dit que vous ne voulez pas d'un gros dossier et vous ne lui avez pas parlé de temps. Vous lui avez dit que vous ne **pouviez pas** reprendre ses dossiers. Vous n'avez pas parlé de la taille de ces dossiers et que vous pourriez reprendre les petits, mais pas les gros ou quoi que ce soit d'autre.

Vous ne <u>pouvez pas</u>. Vous n'avez rien dit d'autre que cela.

La parade

Il y a plusieurs parades possibles lorsqu'on contre les objections et nous les verrons dans un autre Livret de Psy. Pour commencer, nous allons nous concentrer sur une parade simple à se souvenir et à effectuer et que vous pourrez utiliser dans la plupart des occasions.

Il s'agit de la méthode dite de « l'écoute active et du perroquet ».

Elle est composée de deux parties qui sont donc « l'écoute active » pour l'une et « le perroquet » pour l'autre :

1) Vous lui faites comprendre que vous avez bien entendu son objection (écoute active) et
2) vous répétez le message assertif. (Le perroquet.)

Ce qui donne quelque chose comme :

1) *Oui, je comprends bien que* <ajoutez ici l'argument utilisé>, *mais*
2) <répétez le message assertif>.

Ce qui, dans ce cas, donnera :

« - *Oui, je comprends bien que* ce n'est qu'un petit dossier, *mais* je ne peux pas reprendre tes dossiers cette semaine/aujourd'hui. »

C'est la parade que vous pourrez utiliser dans toutes les situations, comme vous allez le voir dans un instant.

Notez qu'il est extrêmement important d'utiliser les deux parties de la parade. Jamais seulement une des parties. **Toujours les deux**.

Si vous n'utilisez que la première partie (lui faire comprendre que vous avez entendu son objection), vous paraîtrez soumis et vous finirez par craquer.

Si vous n'utilisez que la deuxième partie (répéter le message assertif), vous paraîtrez agressif et têtu.

Donc toujours bien utiliser les deux parties de la parade, de façon neutre. Entraînez-vous devant la glace ou votre webcam si besoin est.

L'autorité

La deuxième méthode qui sera utilisée sera d'essayer d'user de son autorité ou de vous faire penser que vous êtes redevable. L'autorité n'est pas nécessairement hiérarchique, mais dans ce cas, Paul, vous parlera comme s'il était votre supérieur ou votre père ou mère ou toute autre personne qui a autorité sur vous.

Si vous êtes une femme et qu'il est un homme, il y a de fortes chances pour qu'il utilise cette méthode pour paraître en autorité alors qu'il ne l'est pas.

Il pourra dire quelque chose du genre :

« - Tu sais, il est de bon ton qu'on s'entraide dans une entreprise telle que celle-ci. Je n'ai pas fait tant de chichis lorsque j'ai repris ton dossier Shmürnüf en janvier. Toi aussi, pour une fois, tu pourrais donner un coup de main. »

La parade

N'entrez surtout pas dans la discussion ! Jamais ! Il y a de fortes chances pour qu'il ait eu un intérêt quelconque au dossier Shmürnüf ou que ça ne se soit pas passé comme ça et vous lui avez déjà donné beaucoup de « coups de main » et c'est loin d'être « la première fois » …

Bref. L'autorité risque de vous faire dévier sur une argumentation hors sujet, mener à des frustrations, à de l'agression, de là, à la culpabilité et vous allez vous retrouver avec le dossier Dushnock sans avoir eu le temps de comprendre ce qui vous est arrivé.

À cela, utilisez l'exacte même parade que plus haut :

« *Oui, je sais bien qu'il* est de bon ton qu'on s'entraide, *mais* je ne peux pas reprendre tes dossiers cette semaine/aujourd'hui. »

Rien d'autre !

Ne tombez pas dans le piège de « je sais bien que je pourrais donner un coup de main, d'ailleurs, à l'inverse de ce que tu dis, je t'en ai déjà donné plein, mais... »

Car après ça, il est trop tard pour devenir assertif, vous êtes tombé dans le piège.

Pas de discussion.

Le piège de la compassion

De loin le plus difficile à contrer, il est surtout utilisé contre les femmes, car on a souvent cette croyance irrationnelle qu'une femme qui dit « non » est froide, calculatrice, méchante, etc., et si en plus elle résiste au piège de la compassion, c'est qu'il s'agit vraiment d'une garce.

Il est plus rarement utilisé contre les hommes, car on accepte plus facilement qu'un homme ne soit pas en proie à ses émotions et le fait qu'il n'ait pas nécessairement de compassion envers les problèmes des autres est mieux accepté que si c'est une femme.

Dans le piège de la compassion, Paul va jouer sur les sentiments et sur la culpabilité avec un truc du genre :

« - Tu sais, j'ai vraiment beaucoup de travail et j'ai pris du retard parce que j'ai été obligé de prendre un jour de congé pour mener le petit chez l'oto-rhino quand il a fait son otite. Marlène et moi, on n'en a pas dormi pendant plusieurs jours et on en est arrivé à de sacrées prises de bec. J'ai eu un mal fou à rattraper mes dossiers et je n'ai pas fini. Alors vraiment, si tu pouvais reprendre au moins ce petit dossier, ça m'aiderait beaucoup. »

La parade

Mettez-vous bien dans la tête que les problèmes des autres et la façon dont ils les gèrent ne dépendent pas de vous. Si Paul part du principe « je prends un jour et si j'ai trop de dossiers, je refilerai mes dossiers en souffrance à Machin, car il m'a toujours aidé jusqu'ici. » C'est son choix et dans ce cas, son erreur.

Il aurait sûrement pu utiliser une autre méthode comme une nuit sur deux dormir dans le salon ou se faire aider par sa famille, sa belle-famille ou une baby-sitter... Bref... Il y a toujours des choix possibles et il a fait les siens d'après les données qu'il avait, sa personnalité, etc.

Et qu'on le veuille ou non, c'est sa vie et ses choix et ce n'est pas votre problème.

Nous avons tous des problèmes et certains sont plus difficiles à gérer que d'autres et ce n'est pas parce que quelqu'un refuse de vous aider que votre problème devient le sien ou de sa faute.

De toute façon, vous lui avez dit que vous ne **pouvez pas** reprendre ses dossiers. Si vous ne **pouvez pas**, c'est que vous ne pouvez pas ! L'otite de son gamin ou le prétendu réchauffement planétaire ne change absolument rien à l'affaire. Si on ne peut pas, on ne peut pas. Et c'est tout. C'est à lui de faire des choix différents.

Donc, dans ce cas, même parade que dans les autres cas :

« - *Oui, je vois bien que* c'est difficile, c'est toujours un problème quand les petits sont malades (ceci pour montrer que vous avez non seulement de la compréhension, mais aussi de la compassion), *mais* je ne peux pas reprendre tes dossiers cette semaine/aujourd'hui ».

Le plus souvent, les contradictions viendront dans cet ordre : hors sujet, autorité, piège de la compassion.

Mais à l'intérieur de la famille, ou si vous connaissez bien votre interlocuteur, il peut aller directement au numéro deux (autorité) ou même au trois (compassion). Sinon, c'est donc généralement dans l'ordre que je viens de donner.

En plus, il y a un petit bonus :

L'inquisition

Ceci n'est pas vraiment un argument et il n'arrive pas nécessairement et s'il arrive, il peut arriver n'importe quand dans la discussion ou plusieurs fois. Il peut être avancé de différentes façons, mais le plus souvent, c'est tout simplement un « pourquoi ? » ou « et pourquoi pas ? ».

Là encore : pas de discussion !

Souvenez-vous que vous n'avez de comptes à rendre à personne, ni à vos collègues, ni à vos parents (je pars du principe que vous n'êtes pas un enfant), ni à votre conjoint(e), ni à votre belle-mère, ni même au président de la République si cela concerne votre vie privée.

Alors, oui, bien sûr, vous pouvez parfois donner une explication. Mais c'est votre choix. Vous **pouvez répondre** à un « pourquoi », mais **vous ne devez pas nécessairement répondre à un « pourquoi »**. Même si c'est un enfant qui vous pose la question.

Croyez-moi, il n'y a aucun cas d'enfant traumatisé parce qu'un parent lui a dit « non » sans explications précises.

Vous n'avez pas besoin de justifier un « non ».

Dans notre cas, vous avez déjà donné l'explication : « - Je ne peux pas ».

Pourquoi vous ne pouvez pas, ce n'est pas son problème (la plupart du temps) et vous n'êtes nullement obligé de répondre.

Si Paul vous demande : « Et pourquoi tu peux pas ? »

Ne répondez pas.

Répondez quelque chose du genre : « - Parce que je ne peux pas en ce moment » ou plus souplement « - Parce que j'ai planifié ma journée/ma semaine et ce ne sera pas possible. »

Souvenez-vous que, dans tous les cas, **vous n'êtes pas dans l'obligation de justifier un « non » tout comme vous n'auriez pas été dans l'obligation de justifier un « oui ».**

Maintenant, en tous cas, vous avez appris la technique pour dire non et pour tenir bon.

Derniers conseils

Reste un petit conseil : Ce n'est pas parce que vous savez dire non que vous devez le faire chaque fois.

Il peut vous arriver que vous n'ayez pas vraiment envie, mais que, dans certains cas, pour accommoder quelqu'un, pour rendre service, vous répondiez oui et vous le faites.

Cela ne veut pas nécessairement dire que vous le referez, que vous pourrez ou que vous voudrez le refaire. Cela ne veut pas dire non plus que « vous ne saurez jamais dire non ».

Mais dans ce cas, soyez franc envers vous-même et faites le point. Soyez sûr que vous l'avez fait, car vous le vouliez bien et que vous ne tiendrez pas rigueur à cette personne.

Car si cette personne vous a demandé quelque chose et que vous avez répondu oui, c'est parce que vous le vouliez bien. Sinon, vous auriez pu répondre non. Donc, ne lui en voulez pas et acceptez que vous ayez fait ce que cette personne vous demandait.

Si en revanche vous ne vous sentez pas bien d'avoir accepté, si vous trouvez que cela a été contre votre volonté, au lieu de culpabiliser et de vous en vouloir (ou de lui en vouloir), essayez d'analyser ce qui a fait que vous n'avez pas osé ou pas voulu dire non, et trouvez des arguments pour vous aider à dire non à cette personne. Entraînez-vous avec un ami ou faites-vous aider par un coach ou un psy qui connaît ces méthodes.

Vous avez peut-être eu l'habitude de répondre oui à telle ou telle personne et ça peut vous prendre du temps de renverser la vapeur. C'est normal et logique. Ne vous en voulez pas pour autant.

Acceptez de ne pas être parfait et que, parfois, vous vous plantez, tout simplement, et plutôt que de vous flageller parce que vous « n'avez pas tenu le coup », analysez ce qui vous a bloqué afin de faire mieux la prochaine fois.

Dans certains cas, faites ça par étape.

Pour vous entraîner à dire non et pour vous entraîner à argumenter, prenez un papier et un crayon et écrivez une liste de situations récurrentes dans lesquelles vous dites oui alors que vous voulez dire non.

Ensuite, placez ces situations en ordre croissant de difficulté. De la plus facile à la plus difficile.

Préparez votre réplique et, avec la connaissance que vous avez de votre interlocuteur, préparez les arguments qu'il pourra utiliser et préparez votre réponse. Le tout par écrit.

Ensuite, entraînez-vous devant le miroir, la webcam ou avec quelqu'un qui pourra jouer son rôle.

Seulement ensuite, utilisez la technique dans la situation concrète.

Quand la première situation est gérée, passez à la deuxième, puis troisième.

La plus difficile est la première (c'est pour ça qu'il vous faut vous attaquer à la plus facile), une fois lancé et une fois la première situation gérée, le reste suit beaucoup plus rapidement et plus facilement et vous prendrez rapidement le coup.

Petit à petit, vous n'aurez plus besoin de vous préparer devant le miroir ou avec votre ami et ensuite, vous n'aurez plus besoin d'écrire quoi que ce soit, et ça finira par devenir un automatisme qui fait partie de vous.

Si vous voulez améliorer vos techniques ou en apprendre d'autres, j'ai une formation vidéo en ligne sur l'assertivité que vous pouvez trouver ici : http://assertion.malka.xyz

Maintenant, la balle est dans votre camp... à vous de jouer !